Bienvenue à la ferme

Illustrations : Isabella Camino
Mise en couleur : Vensio
Textes : Isabella Camino et Delphine Lacharron

Éditions HEMMA

Table des matières

L'escapade de Germain

Par une belle matinée du mois d'août, le soleil se lève sur un joli coin de campagne. Là, dans un petit vallon, au bord d'une rivière, se trouve une ferme où les animaux vivent très heureux.

Mais il est trop tôt pour les voir, ils dorment encore !

Pour madame Cane, c'est un jour particulier. Levée avant tout le monde, elle emmène pour la première fois ses canetons à la mare. Deux d'entre eux barbotent déjà et trouvent cela très amusant, mais le troisième, le petit Germain, se fait prier... L'eau lui semble trop froide !

Maman Cane ne veut pas l'obliger à plonger.

– Reste encore un peu sur le bord, lui conseille-t-elle.

Pendant que maman Cane apprend à ses deux autres canetons à plonger à la recherche de nourriture, Germain s'éloigne en direction du ruisseau.

– Oh ! Qui es-tu, toi ? demande-t-il à un drôle d'animal vert accroupi sur une pierre. Tu ne ressembles pas à un canard !

– Mais non, je suis une grenouille ! Viens jouer avec moi. Regarde, je bondis de rocher en rocher et c'est très amusant... Hop ! Hop ! Hop !

« C'est vrai que cela a l'air amusant. Moi aussi, je dois pouvoir le faire », pense Germain en s'élançant vers le premier rocher. Hélas, sa patte glisse sur la pierre humide et le caneton tombe dans l'eau.

Et il trouve cela très gai, le petit Germain !
L'eau est bonne et le courant le chatouille.
– C'est bien plus rigolo qu'à la mare !
Et sous le regard amusé des moutons, il se laisse porter par le courant, sans se rendre compte qu'il s'éloigne de la ferme...

Le petit ruisseau a emporté Germain vers la rivière. Il ouvre grands les yeux car il découvre de nouveaux paysages... Distrait par des papillons, il ne remarque pas que le soleil est déjà très haut dans le ciel et que la ferme n'est plus en vue depuis bien longtemps.

Pendant que papa Souris, comme chaque matin, s'en va chercher quelques grains de maïs au poulailler, maman Souris prépare le petit déjeuner.

– Enfin, Jojo, cesse de bâiller comme ça et mange ! gronde-t-elle.

– Je n'ai pas très faim... Je m'ennuie, dit Jojo. Il ne se passe jamais rien ici...

Mais les petites souris ne se doutent pas qu'elles courent un grand danger ! En effet, le père François vient renouveler la litière de maman Brebis qui a mis au monde deux beaux agneaux. Le fermier s'apprête a enfourcher l'une des bottes de paille où vit la famille Souris...

Jojo, toujours à l'affût du moindre événement, s'est posté en haut de la botte pour regarder travailler le père François. Tchac ! Un grand coup de fourche et la botte de paille se soulève !

Tout tremble ! Jojo n'a pas le temps de s'enfuir ! Il tente de s'accrocher à un brin de paille, mais il est projeté dans les airs en direction de l'abreuvoir.

Plouf ! Quel plongeon ! Jojo se retrouve dans l'eau froide, sous les yeux d'un petit veau étonné de voir un souriceau tomber du ciel ! Le petit Jojo se débat dans l'abreuvoir, car il n'a pas encore appris à nager…

– Au secours ! Au secours ! Aidez-moi !

Jojo voit s'approcher une grande bouche qui l'attrape par la queue et le soulève hors de l'eau. C'est le petit veau qui vient à son secours ! En entendant les cris de maman Souris, il comprend que le souriceau provient du fenil.

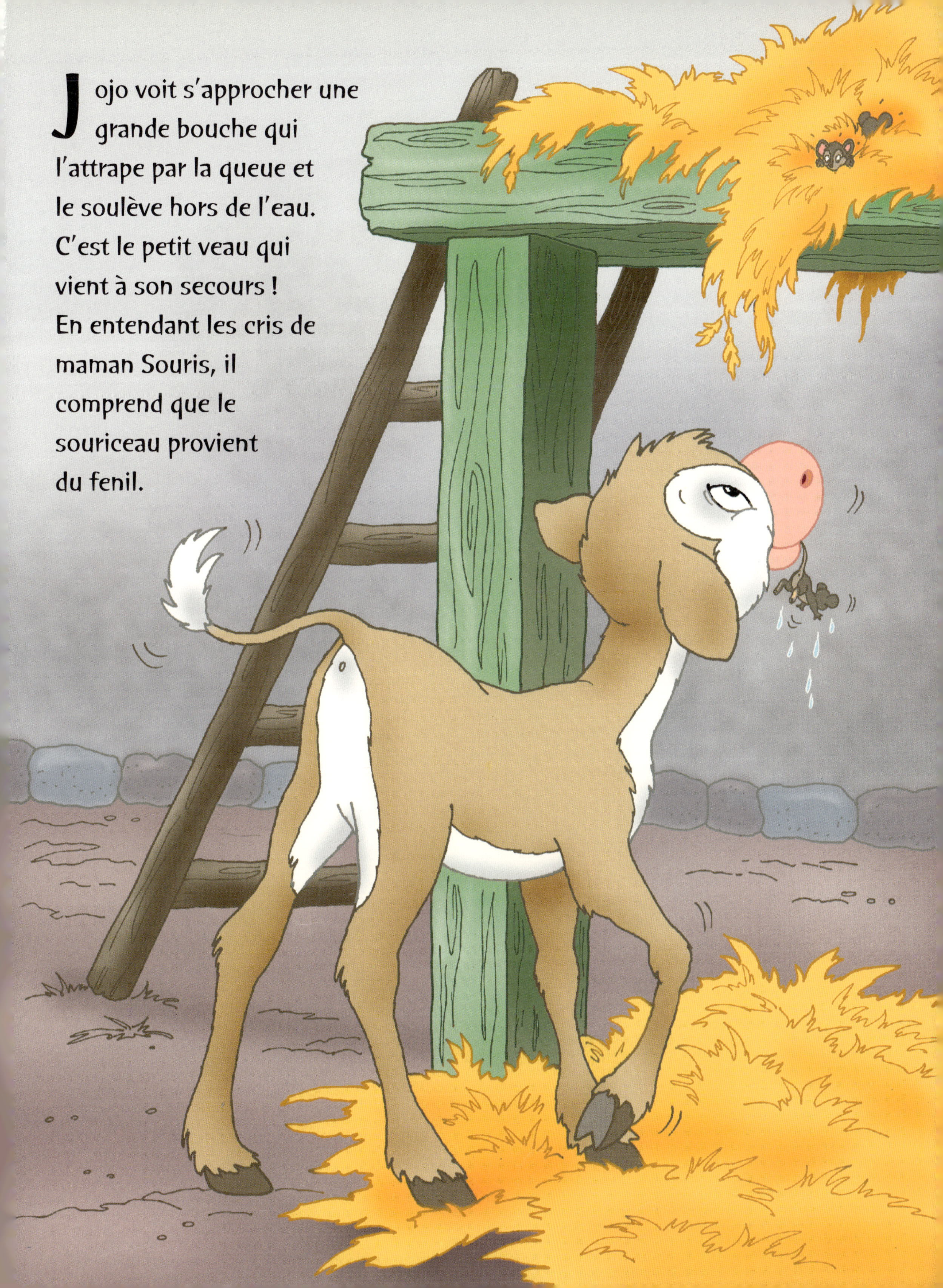

De retour du poulailler, papa Souris se rend compte rapidement de la situation et prend les choses en main.

– Vite ! Tendons ce foulard pour que Jojo puisse s'y accrocher !

Jojo, tremblant de la tête aux pattes, s'accroche de toutes ses forces au morceau de tissu. Maman et papa Souris tentent de le hisser, mais ce n'est pas facile...
Heureusement, d'un coup de museau, le petit veau aide Jojo à retrouver enfin ses parents.

– Pfff ! On a eu chaud, souffle papa Souris, épuisé.
– Comme tu nous as fait peur ! s'exclame maman Souris en serrant très fort son petit dans ses bras.
Après avoir fait de gros câlins à son papa et à sa maman, Jojo regarde autour de lui…
– Mais notre maison de paille est sens dessus dessous ! Tout est détruit ! Qu'allons-nous devenir ?

Papa Souris aperçoit alors, entre deux planches, un petit trou qui était caché par la botte de paille emportée par le fermier.

– Je vais aller voir si nous ne pouvons pas nous installer là, dit-il en se glissant dans l'ouverture.

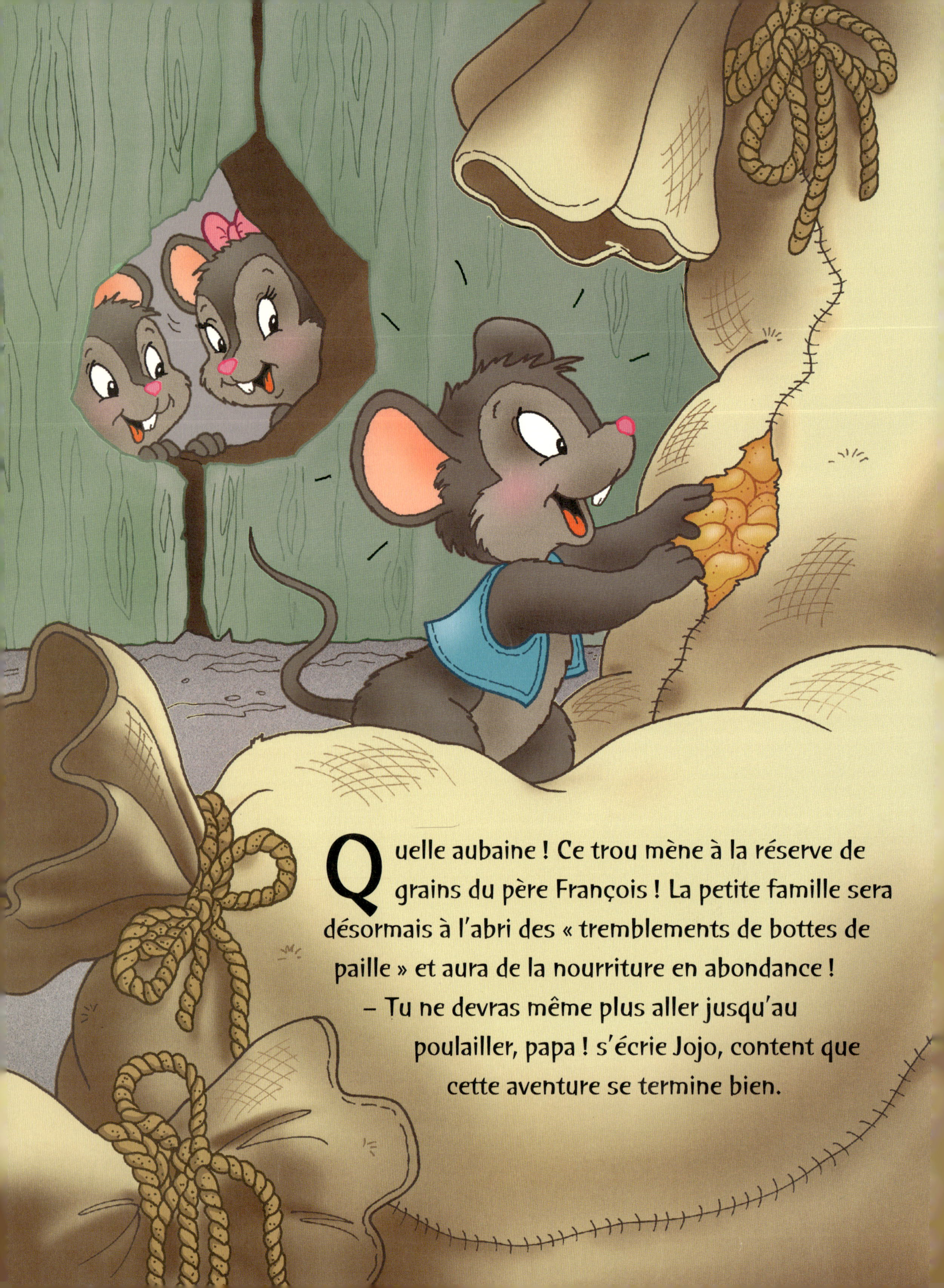

Quelle aubaine ! Ce trou mène à la réserve de grains du père François ! La petite famille sera désormais à l'abri des « tremblements de bottes de paille » et aura de la nourriture en abondance !

– Tu ne devras même plus aller jusqu'au poulailler, papa ! s'écrie Jojo, content que cette aventure se termine bien.

Ce soir-là, quelle agitation dans le fenil ! C'est le grand déménagement !
Tout ce qui est encore entier est emmené dans le nouveau logis.
– Comme nous allons être bien installés ! se réjouit maman Souris.

Et après une telle journée, les trois petites souris s'endorment très vite. Elles ont enfin trouvé un endroit où vivre en paix... Même Polux, le matou du fermier, ne pourra jamais les déranger !

Jeannot s'envole !

Ce matin-là, le ciel est chargé de gros nuages gris et le vent souffle très fort. Les grenouilles coassent de joie :

– C'est une belle tempête qui nous arrive !

Plic, ploc ! Les premières gouttes tombent sur l'étang où se baignent les canards.

– Quel temps idéal ! s'exclame monsieur Canard. Cette averse va nous faire le plus grand bien !

Le vent d'automne fait tourbillonner les feuilles de toutes les couleurs...

D'autres apprécient moins ce temps... Le petit garçon du fermier abandonne son cerf-volant et court vers la ferme pour s'abriter. Monsieur Souris, lui, se protège de la pluie sous une feuille.

– En zigzaguant, vous passerez peut-être entre les gouttes ! plaisante la taupe.

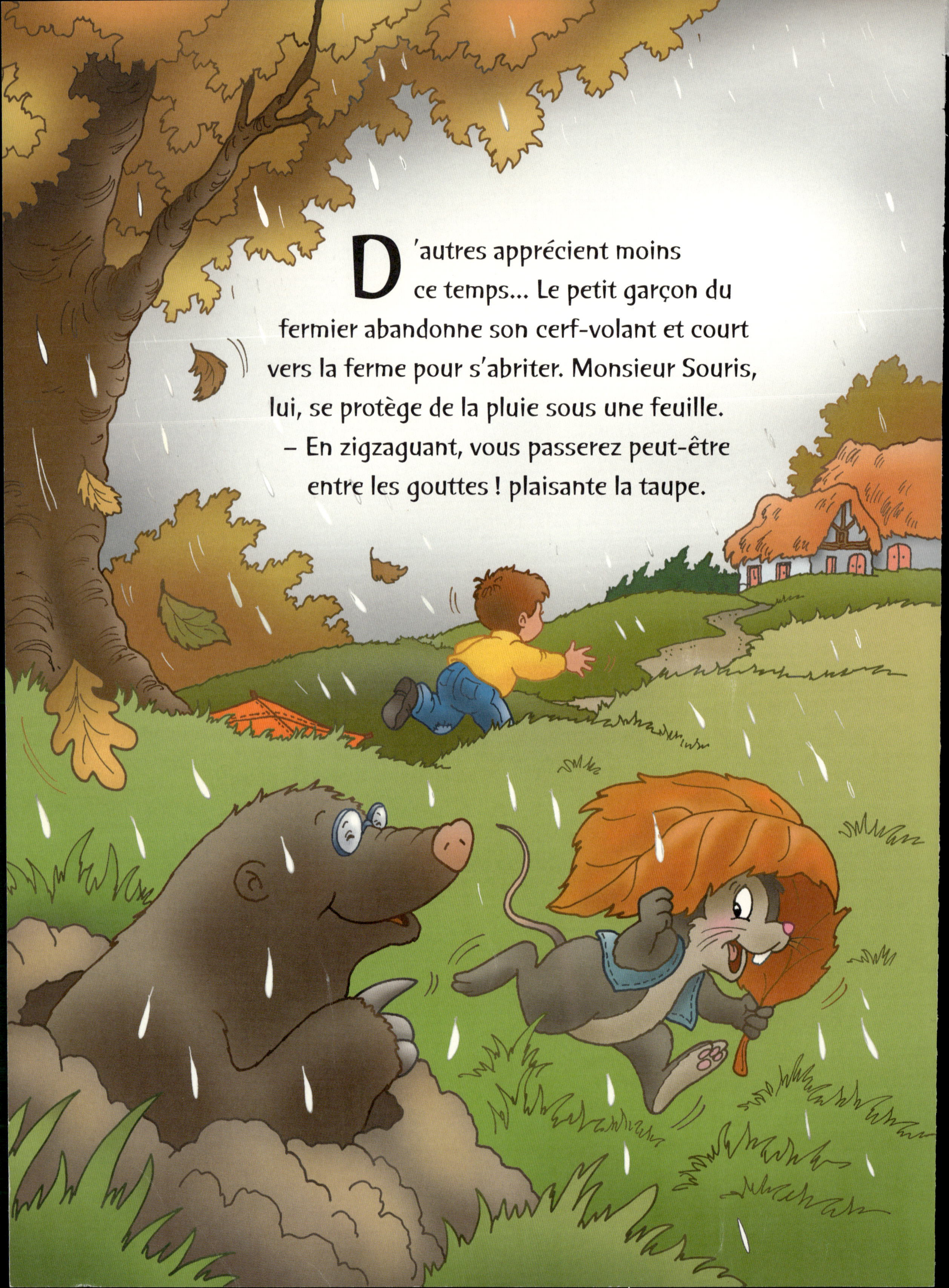

Jeannot lapin se réfugie sous le cerf-volant. Mais ce n'est pas vraiment une bonne idée, car le vent souffle encore plus fort...

Soudain, une violente rafale soulève le cerf-volant et l'emporte dans les airs. Et voici que le petit Jeannot s'élève de plus en plus haut dans le ciel. La ferme semble bien petite à présent...

Heureusement, Bayard le cheval, monsieur Mouton et monsieur Canard ont assisté à l'envol de Jeannot.

– Suivons-le, crie le canard. Il pourrait avoir besoin d'aide au moment de l'atterrissage !

Monsieur Souris ouvre le verrou de l'écurie et les quatre amis s'élancent à la poursuite du cerf-volant.

Pauvre Jeannot ! Il termine son voyage dans un arbre… Monsieur Écureuil, qui a entendu un grand craquement, se précipite hors de son logis et découvre le lapin inanimé…

La tempête s'est calmée et il ne pleut presque plus. Les quatre amis ont perdu de vue le cerf-volant dans la vallée.

– Jeannot ! Jeannot ! Où es-tu ? crient-ils à pleins poumons.

Soudain, monsieur Souris aperçoit la toile colorée du cerf-volant dans un arbre.

– Regardez ! Il est là !

– Venez m'aider ! dit l'écureuil. Votre ami s'est évanoui ! Il faut le redescendre avec précaution, il s'est peut-être cassé quelque chose !

– Mais comment allons-nous faire ? s'inquiète monsieur Canard. C'est bien trop haut !

– J'ai une idée ! s'exclame Bayard.

Bayard et monsieur Mouton mordent à belles dents dans l'une des branches et la tirent de toutes leurs forces vers le sol.

– Montez, monsieur Canard ! encourage la petite souris. L'écureuil vous aidera à ramener Jeannot jusqu'à nous.

Le petit lapin revient doucement à lui.
– Tu nous as fait une belle peur, lui dit le canard. Te sens-tu prêt à regagner la terre ferme maintenant ?
– Euh, oui... je crois, marmonne Jeannot, encore tout étourdi.
– Tout va bien, il n'a rien de cassé ! crie monsieur Souris à Bayard.

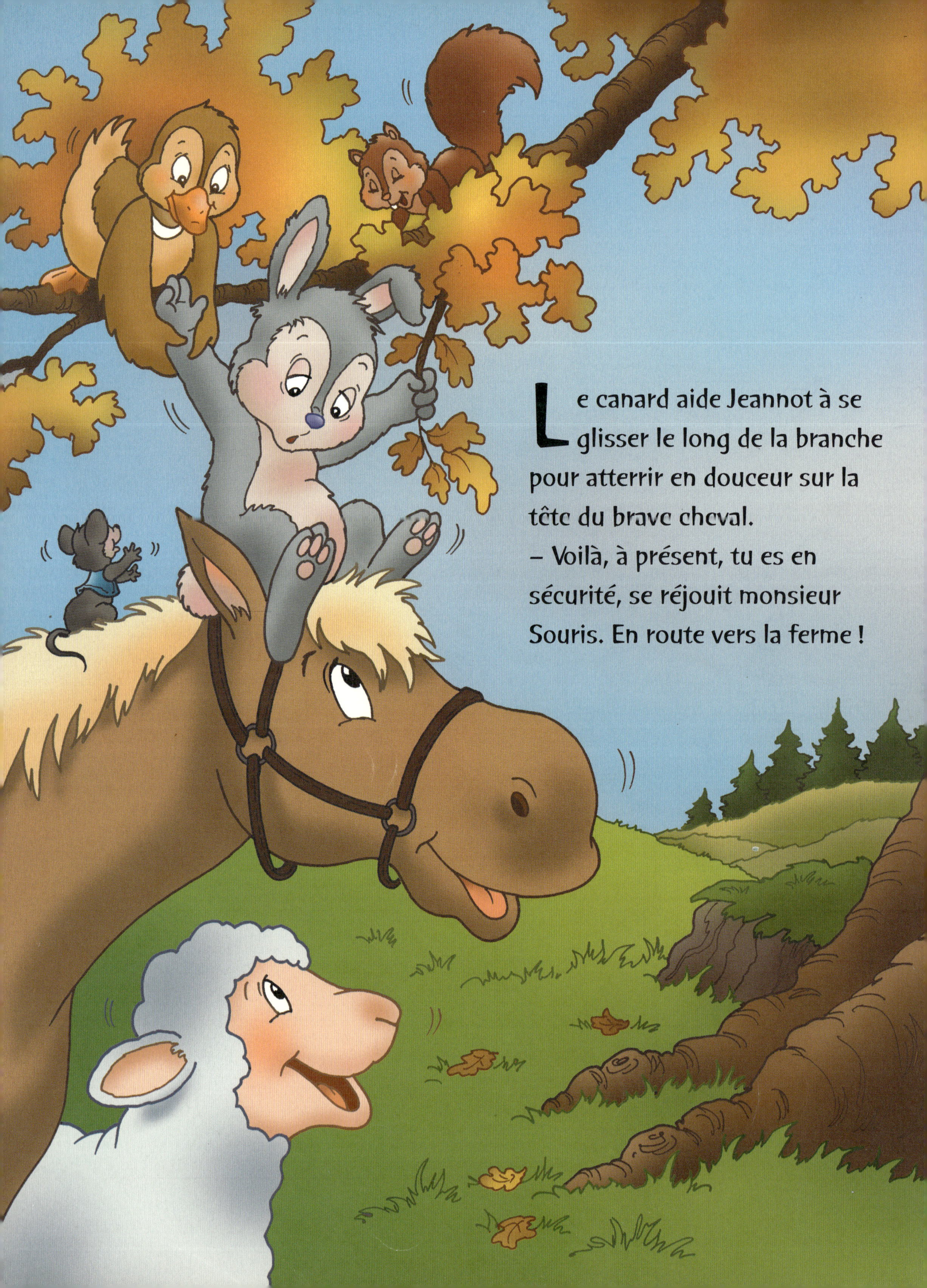

Le canard aide Jeannot à se glisser le long de la branche pour atterrir en douceur sur la tête du brave cheval.

– Voilà, à présent, tu es en sécurité, se réjouit monsieur Souris. En route vers la ferme !

La nuit est déjà tombée lorsque le petit groupe arrive à la ferme.

– Tous dorment déjà ! Il ne faudra pas faire de bruit en rentrant, dit Bayard.

Mais le père François, inquiet, les attendait... Il est heureux de retrouver ses animaux sains et saufs.

– Je n'oublierai jamais ce voyage en cerf-volant ! dit Jeannot. Heureusement, grâce à tous mes amis, cette aventure s'est bien terminée !

Un bel hiver
à la ferme

Ce matin, une épaisse couche de neige recouvre la campagne. Tom l'écureuil est très ennuyé :
« Comment vais-je retrouver mes réserves de noisettes ? » se demande-t-il.

Le paysage est transformé par cet épais manteau blanc et Tom a perdu tous ses repères.
Soudain, une petite tache sombre attire son attention…
–Oh ! Une mésange ! Elle ne bouge plus... La pauvre, serait-elle morte de froid ?

Tom la prend délicatement entre ses pattes.

–Quelle chance, son petit cœur bat encore ! Il faut vite le réchauffer, mais dans mon nid, il fait trop froid. Je vais l'emmener à la ferme du père François. Dans la bergerie, il doit faire bien chaud…

Rassemblant toute son énergie, Tom fait de grands bonds et arrive à la ferme. Il tambourine au carreau de toutes ses forces.

–Vite, vite, les amis ! Ouvrez la fenêtre. C'est une question de vie ou de mort !

L'âne Martin, qui aperçoit la petite mésange évanouie, s'approche et ouvre la fenêtre avec son museau.

Tom se précipite à l'intérieur.
–Vite, Martin, referme cette fenêtre, il fait un froid de canard dehors ! Et vous, mesdames les brebis, approchez ! Cette petite mésange a besoin de vous. Il faut la réchauffer sinon elle va mourir…

–Regardez comme elle est faible. Son cœur ne bat presque plus. Il faut faire vite !

–Ne t'inquiète pas, Tom, pose-la sur mon dos. Là, dans ma laine bien chaude, elle va reprendre vigueur, assure Clarisse la brebis.

La brebis se couche et Tom pose la mésange au creux de la laine douce et chaude. Quelques minutes plus tard, il s'écrie :

–Youpie ! Elle se réveille !

–Oh là là... Je suis encore dans la neige ? demande la petite rescapée.

–Non, tu es sauvée ! Regarde autour de toi...

La petite mésange, qui se prénomme Violette, est très étonnée de se trouver parmi tous ces animaux.
–Tom t'a sauvé la vie en t'amenant ici, lui explique gentiment Clarisse.
Violette remercie Tom et tous acclament le petit écureuil sauveteur.

Soudain, Tom se laisse tomber à son tour sur le dos de la brebis.

–Pourquoi es-tu si triste tout à coup ? lui demande Violette.

–Hélas, il faut que je rentre chez moi, dans le froid… Je dois retrouver mes réserves de noisettes.

–J'ai une idée, caquette Yvette la poule. Et si, toi et Violette, vous passiez l'hiver ici, à la bergerie ? Qu'en pensez-vous, les amis ?

–Mais oui, déclare Jeannot le lapin. Il y a de la place et de la nourriture pour tout le monde !

Tom et Violette ne se font pas prier et acceptent avec joie.

La nuit est tombée et il neige à nouveau. Tom s'installe confortablement sur le dos de Clarisse et regarde, amusé, Violette qui se prépare un nid douillet sur la tête de leur amie.

Tout est calme et silencieux à présent. Les animaux de la ferme et leurs invités se sont endormis, à l'abri du froid et de la neige, dans la petite bergerie.

Ils y passeront tout l'hiver en attendant le retour des beaux jours.

Un matin, sous un soleil éblouissant, le père François ouvre la porte de la bergerie.

Allez, mes petits ! Sortez, sortez tous !

Tom est très content de retrouver son cher arbre et son nid douillet. Violette remercie encore la gentille Clarisse pour son hospitalité.

–Je n'oublierai jamais cet hiver passé au chaud dans ta douce laine, merci beaucoup !

–Tu seras toujours la bienvenue, lui dit Clarisse. J'espère te revoir l'hiver prochain…

–Au revoir, Tom, et merci encore de m'avoir sauvé la vie !
–À bientôt, Violette ! On se reverra l'hiver prochain à la bergerie, d'accord ?
–Le rendez-vous est pris, Tom,

à bientôt !

Sam
et Yola

Ce matin-là, à la ferme du père François, Sam le chien est en grande discussion avec ses amies les mésanges.
– Mais oui, Sam ! Le printemps est là !
– Si le printemps est là, alors le grand jour est arrivé ! Je comprends mieux pourquoi le père François s'affaire comme cela.

Eh oui, le grand jour est arrivé ! Le jour où les vaches vont retrouver pour la première fois après l'hiver les pâturages verdoyants.

À l'annonce de cette nouvelle, toutes poussent des meuglements de joie.

– C'est vrai, Sam, c'est pour ce matin ?

– Youpi !

Les portes de l'étable à peine ouvertes, le troupeau se précipite au-dehors en se bousculant joyeusement.

– Allez, mes belles, en avant ! crie le père François, heureux, lui aussi, de profiter de cette belle journée.

Sam a déjà repris ses bonnes habitudes et s'est placé à la tête du troupeau pour le guider jusqu'à la prairie.

Installé sur un petit promontoire, le brave chien surveille le troupeau en profitant du calme et de la douceur de l'air. Soudain, il entend un étrange meuglement…

– Mais c'est Blanchette qui appelle ainsi ! Que fait-elle près du vieux puits ?

Sam s'élance aussitôt et rejoint la vache.

– Que fais-tu là, Blanchette ? Tu sais bien qu'il n'y a plus d'eau dans ce puits !

– Mais je n'ai pas soif ! J'ai entendu des gémissements et regarde ce que j'ai trouvé !

Quelle surprise ! Une petite chienne est couchée au fond du puits.

– Hé, petite, que se passe-t-il ? demande Sam.

– J'ai eu peur des chasseurs, alors je me suis cachée ici. Mais lorsque j'ai voulu sortir, les pierres se sont écroulées sur ma patte et je ne peux plus bouger.

– Ne t'inquiète pas, répond Sam, je vais aller chercher le père François.

En quelques bonds, le chien est auprès du père François. Il aboie de toutes ses forces pour attirer son attention. Le fermier comprend immédiatement qu'il se passe quelque chose.

– Allons, mon bon Sam, que t'arrive-t-il ? Montre-moi, je te suis !

Et Sam s'élance en direction du puits.

Blanchette est restée auprès de la petite chienne. Le père François s'approche et examine la patte blessée.

– Ce n'est pas bien grave... Rentrons à la ferme où nous soignerons cette demoiselle. Rassemble le troupeau, Sam ! En route !

De retour à la ferme, la mère Lili prend en charge la petite chienne. Sam est impressionné par le matériel de secours.
– Regarde, Sam, comme elle est courageuse… Un peu de désinfectant et je n'ai plus qu'à lui faire un joli bandage ! Quelques jours de repos et elle sera remise sur pattes !

Sam a cédé son panier pour que la petite blessée puisse se reposer. Un peu plus tard, Thomas, le petit-fils de Lili et de François, rentre de l'école.

– Oh ! Une petite chienne ! Comme elle est gentille… Mamy, papy, elle peut rester ici à la ferme ? Regardez comme Sam est content d'avoir une nouvelle amie. Comment va-t-on l'appeler ? Et pourquoi pas… Yola ? Sam aboie joyeusement, c'est un très joli prénom !

Yola est tout de suite adoptée par la famille et dès qu'elle peut marcher, Sam la présente à tous les animaux de la ferme.

– Sam, ta nouvelle amie est très jolie, complimente Yvette la poule.

– Tu vas rester parmi nous, Yola ? interroge Jeannot le lapin.

– Oui, répond Yola. Sam a promis de m'apprendre à garder les troupeaux.

Et quelques jours plus tard, Yola peut accompagner Sam dans les prairies. Le père François est là, lui aussi. Il vient de démolir le vieux puits.

– J'aurais dû faire cela depuis longtemps… Pas vrai, ma petite Yola ?

Les deux chiens sont très contents, plus personne ne risquera de se blesser maintenant !

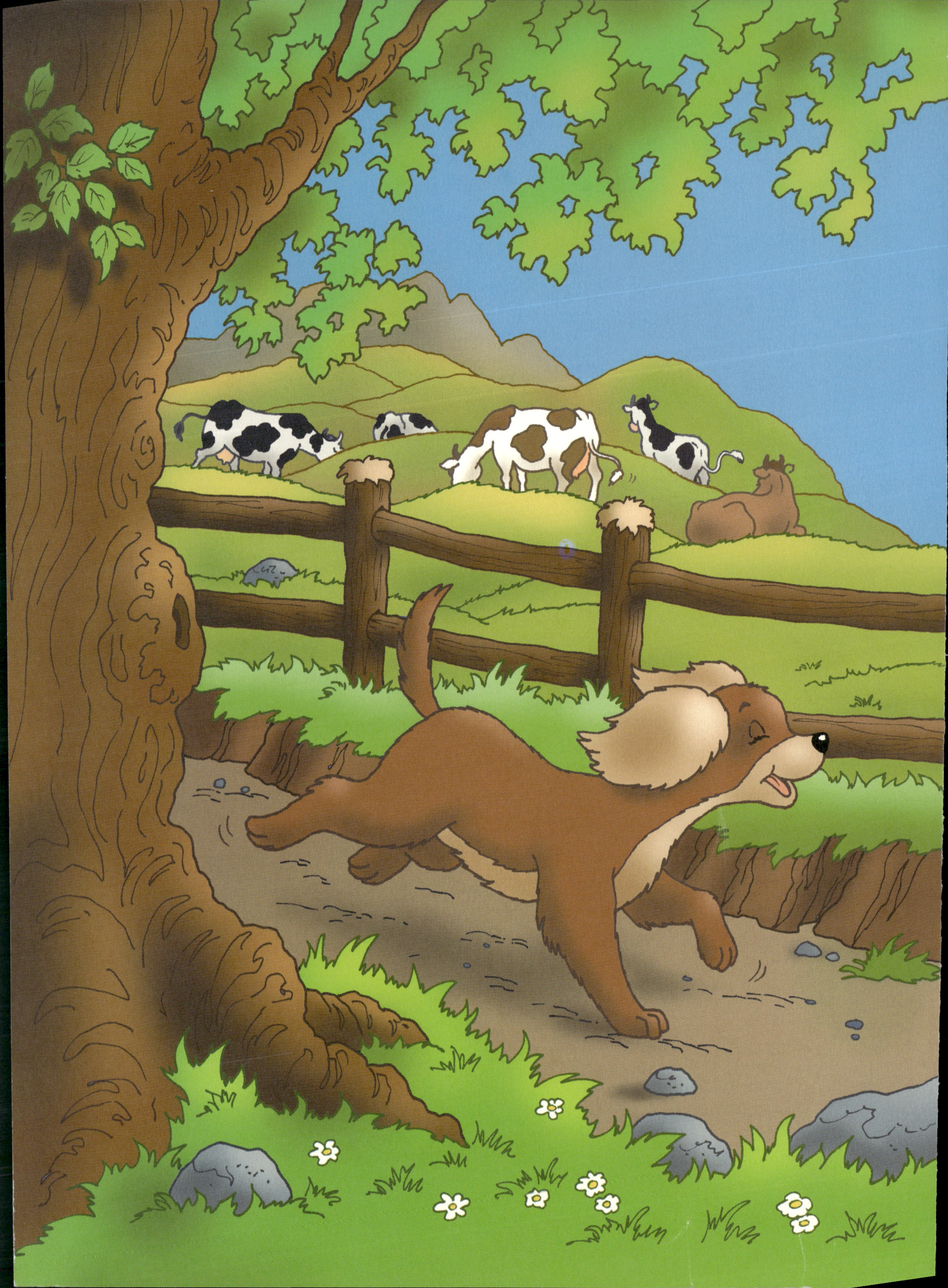

Yola est maintenant tout à fait rétablie. Grâce aux conseils de Sam, elle est devenue une très bonne gardienne de troupeaux.

– À tout à l'heure, Blanchette !

– Où allez-vous ainsi ? demande la gentille vache.

– Nous allons surveiller les moutons. Soyez sages pendant notre absence !

Chaque soir, Sam et Yola vont se reposer sous un vieux chêne et admirent la lune qui se lève.
Blottie contre Sam, la petite chienne s'endort doucement…
« Quelle jolie découverte l'on peut faire dans les vieux puits », pense Sam en fermant les yeux à son tour.

Six petits cochons turbulents

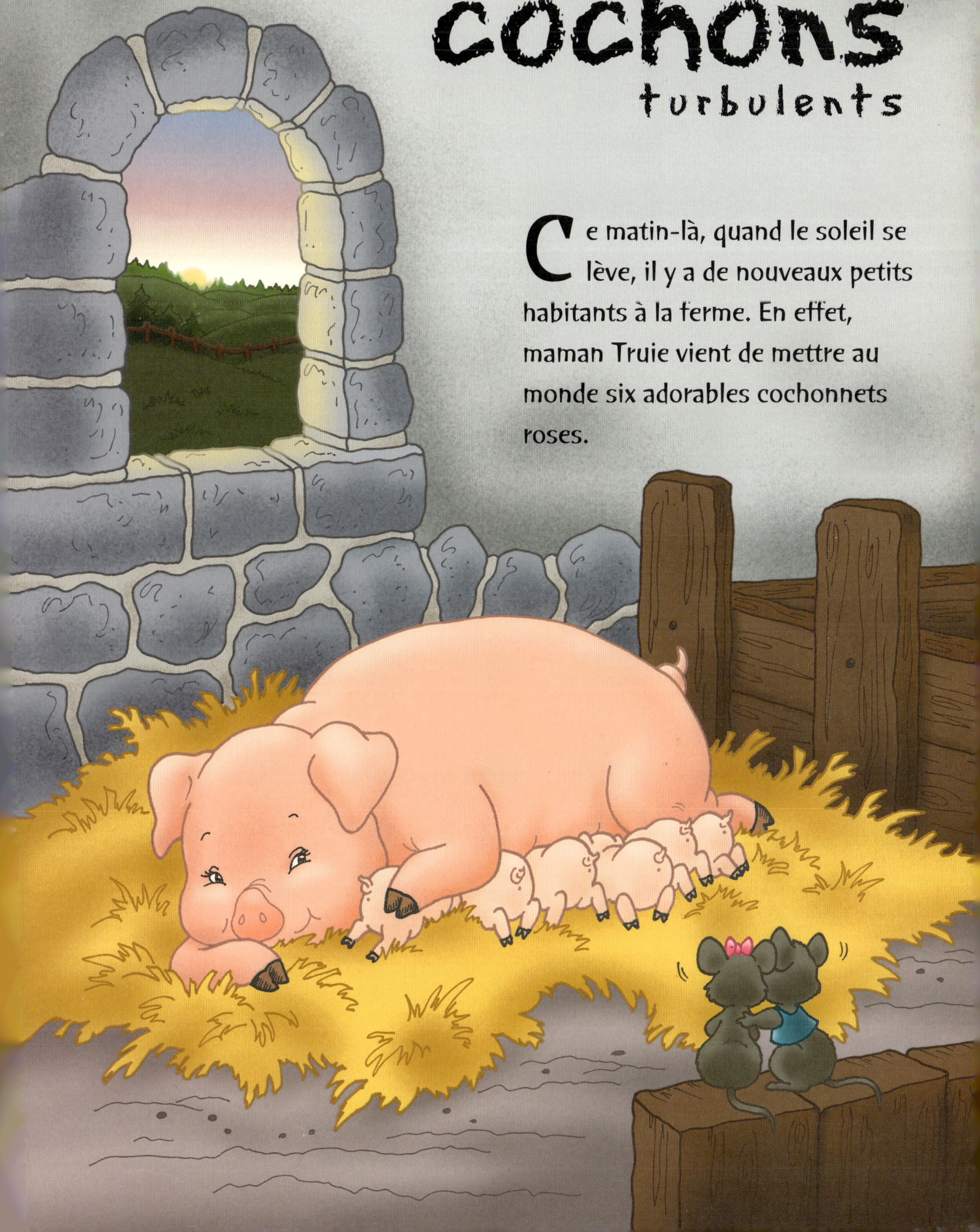

Ce matin-là, quand le soleil se lève, il y a de nouveaux petits habitants à la ferme. En effet, maman Truie vient de mettre au monde six adorables cochonnets roses.

La bonne nouvelle se répand très vite. Les animaux, chacun à leur tour, viennent rendre visite à madame Truie et admirer les bébés.

– Félicitations, madame, dit le coq, vos petits sont magnifiques ! Ils feront la fierté de notre ferme !

Madame Truie remercie ses amis d'être venus la saluer. Pour le moment, ses petits sont bien sages, ils ne pensent qu'à téter et dormir. Elle n'imagine pas encore le travail qui l'attend...

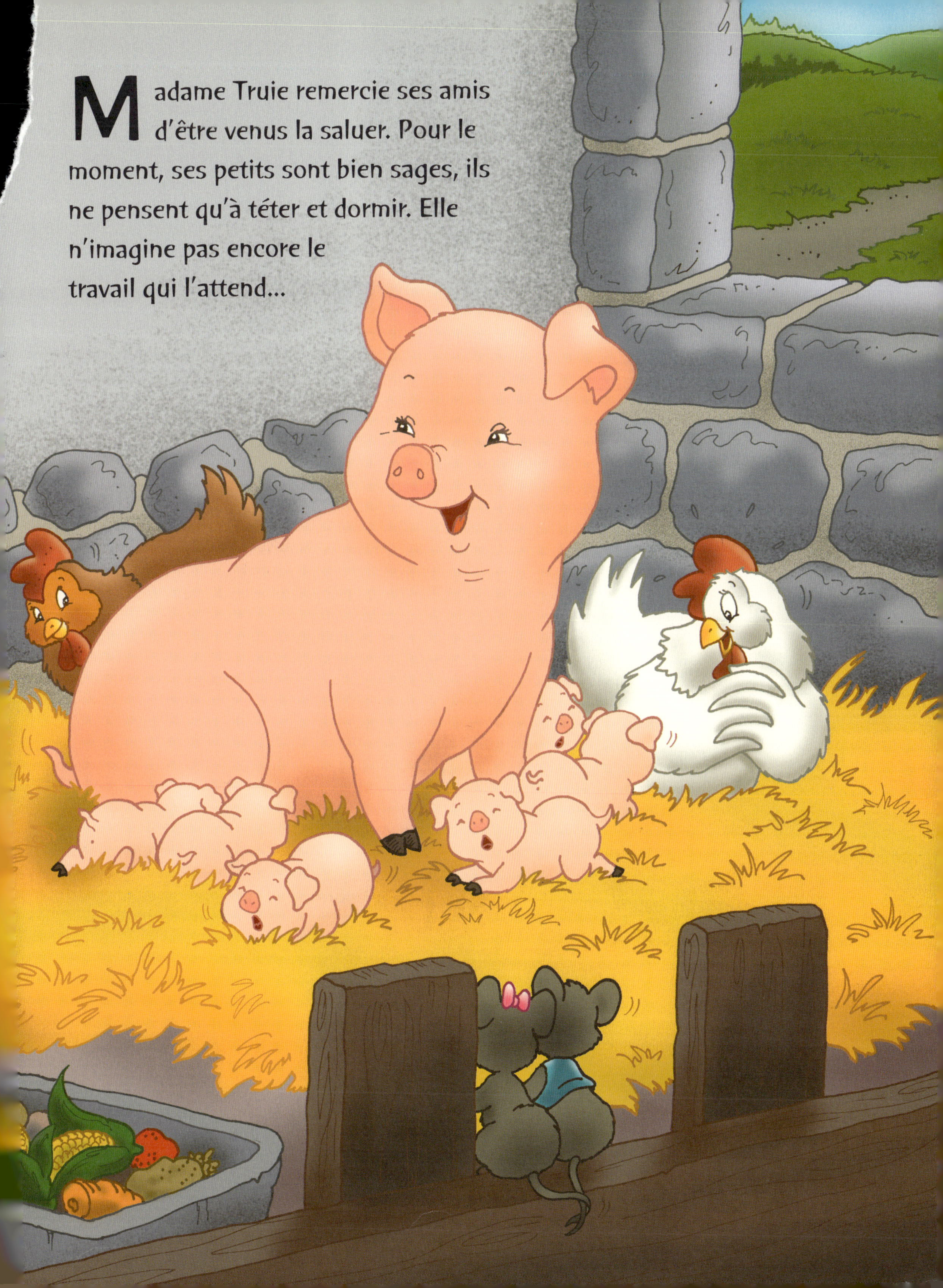

Les mois passent... Les petits cochons grandissent mais pas toujours en sagesse ! Ils n'en font qu'à leur tête et désobéissent sans cesse à leur maman qui ne sait plus comment s'y prendre pour bien les éduquer. Ils mangent salement, se chamaillent sans arrêt et sont continuellement couverts de taches de nourriture et de boue.

Un de leurs mauvais tours préférés est de s'élancer du petit ponton de bois qui est sur l'étang et de plonger pour faire peur à madame Cane et à ses canetons !

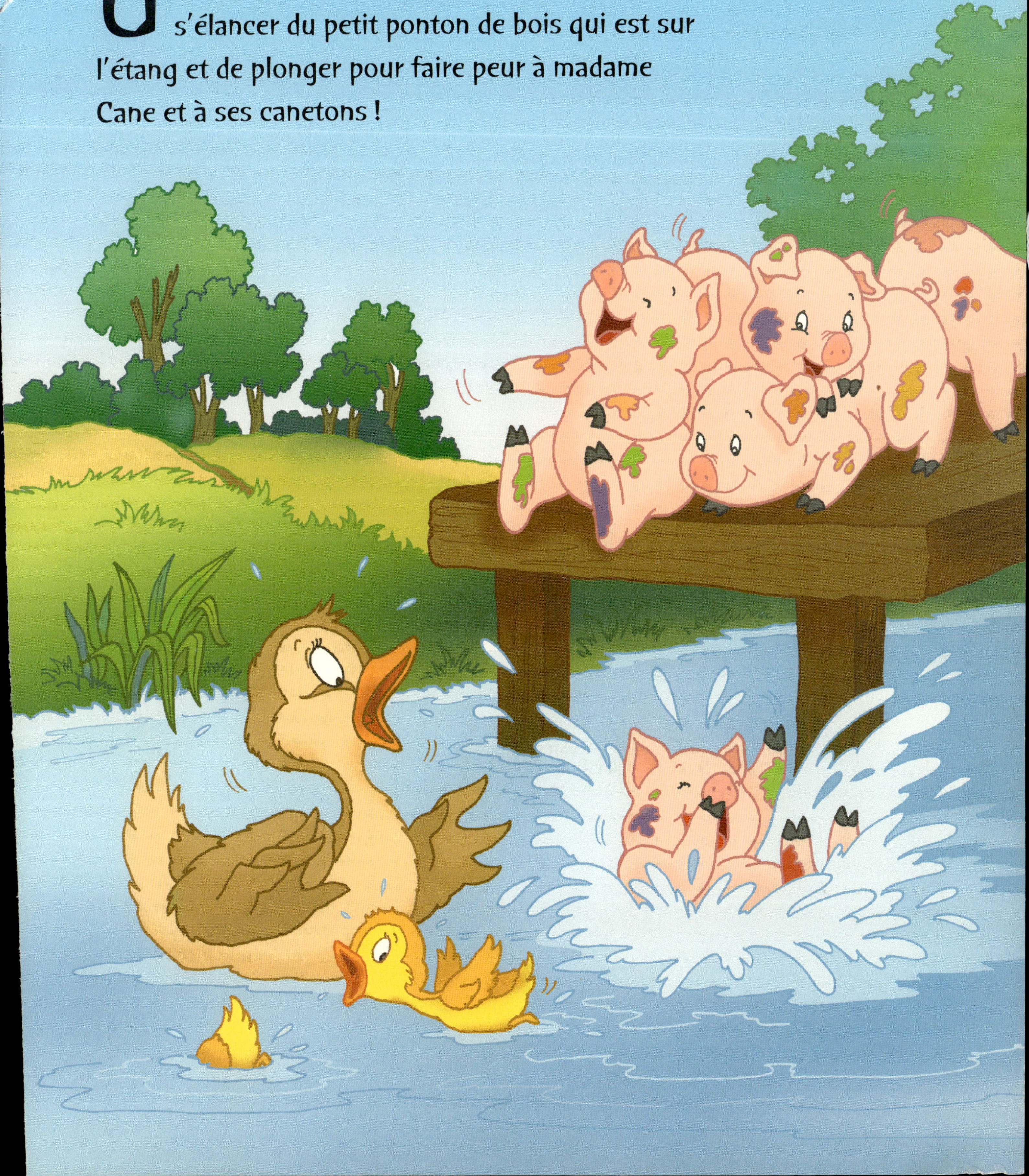

Maman Truie a beau les gronder, rien n'y fait ! Chaque jour, les cochonnets inventent de nouvelles bêtises. Aujourd'hui, ils sont entrés dans la remise du fermier et ont renversé les pots de couleur et les bidons d'huile pour aller ensuite se rouler dans les plumes et la farine...

Et les voici maintenant qui courent, bousculent et effrayent les petits poussins sur leur passage.

– Cette fois, c'en est trop ! dit la poule. Je dois en parler au coq !

Le soir même, le coq va trouver la maman des six galopins. La pauvre est désolée, mais elle ne sait plus comment s'y prendre avec ses petites canailles.

– J'ai une idée, dit le coq. Dès demain, nous allons tous vous aider à leur apprendre les bonnes manières. Reposez-vous bien et ne vous tracassez plus !

Le lendemain matin, le coq réunit tous les animaux de la ferme et leur expose le problème :

– Nous devons aider madame Truie à élever ses petits ! Si chacun apporte son savoir-faire, nous pouvons métamorphoser ces six petits monstres en six cochonnets bien élevés !

Tous sont d'accord et décident de se mettre aussitôt au travail !

D'abord, un bon bain s'impose ! Les oies prennent un savon et lavent vigoureusement les porcelets, chacun à leur tour, dans le ruisseau. Eh oui ! La propreté, c'est important, même pour les petits cochons...

La chatte Minouche a pour mission de leur apprendre à manger proprement et à ne plus mettre les pattes dans l'auge.

– Finalement, ce n'est pas si difficile de manger sans se salir, reconnaît un des cochonnets.

– Je dirais même que c'est agréable, ajoute un autre.

Le dindon prend ensuite le relais :
– Avec moi, vous apprendrez à vous déplacer de manière ordonnée et sans courir ! Une, deux, une, deux... C'est bien, vous avez compris !

Les poules sont soulagées, leurs poussins peuvent maintenant picorer et jouer en toute sécurité.

Jour après jour, les six petits cochons font d'énormes progrès. À présent, ils mangent proprement et prennent leur bain dans l'étang. Ils ont également présenté leurs excuses à maman Cane et à ses canetons.

– Et si on jouait tous ensemble ? leur propose un cochonnet.

La fermière est très étonnée de voir combien les petits cochons ont changé.

– Je ne vous reconnais plus ! Jamais je n'ai vu de petits cochons aussi propres ! Votre maman vous a bien éduqués. Je vais vous apporter quelques beaux épis de maïs pour vous récompenser !

Maman Truie est fière de ses petits.
Grâce à tous ses amis de la ferme, ils sont devenus très sages.
Le coq les regarde souvent, d'un œil attendri, quand ils se blottissent contre leur maman pour s'endormir...
Quelle belle famille !

Bonne nuit, les petits...

Un intrus
à la ferme

Quelle belle nuit d'été ! Tout est calme autour de la ferme du père François. Seul le murmure du petit ruisseau trouble le silence…

« C'est l'heure d'aller se promener ! » pense monsieur Hibou qui vient de se réveiller.

Sam et Yola prennent un repos bien mérité après une longue journée passée à veiller sur les troupeaux de moutons et de vaches. Seul monsieur Souris trottine encore à la recherche de quelques grains de maïs oubliés par les poules.

Pendant ce temps, monsieur Hibou poursuit sa ronde et vole d'arbre en arbre. Dans les champs, les agneaux dorment paisiblement, blottis contre leur maman.

« 1, 2, 3…4, 5, 6 moutons… Bon, j'arrête mes comptes, se dit monsieur Hibou en bâillant, car sinon je vais m'endormir moi aussi ! »

Soudain, monsieur Hibou entend des aboiements.

« C'est Sam et Yola, allons voir ce qui leur arrive ! » pense-t-il en s'envolant.

Les deux chiens sont sur leurs gardes, ils ont entendu du bruit dans les fourrés du petit bois.

– C'est un animal dangereux ! Il faut prévenir les autres habitants de la ferme. Et de toutes leurs forces, ils recommencent à aboyer.

Les oies, réveillées par les aboiements, ont, elles aussi, senti une présence indésirable. Elles se mettent à crier très fort et, bientôt, ce sont tous les animaux de la ferme qui sont réveillés. Quel chahut !

Dans les fourrés, Fox le renard est furieux.

« Zut, zut, zut et rezut ! C'est raté pour ce soir ! Ces deux idiots de chiens m'ont repéré. »

Et le ventre vide, il s'enfuit dans les bois…

Le lendemain matin, alors que le soleil vient à peine de se lever, le coq réveille tous les animaux de la ferme.
– COCORICO ! COCORICO ! Debout, les amis ! Grand rassemblement ! Nous devons parler !

Lorsque tout le monde est là, le coq prend la parole :

– Mes amis, cette nuit, le renard est venu nous rendre visite, mais, grâce à Sam et Yola, nous avons évité un drame ! Je crains que cet animal n'en reste pas là ! Il faut élaborer un plan pour le recevoir comme il se doit la nuit prochaine.

– Qu'allons-nous faire ? demande une poule.

– Je crois que j'ai une idée ! dit Pic le hérisson.

Et tout le monde écoute attentivement son plan…

La nuit est tombée. Sam et Yola dorment devant leur niche, ou plutôt font semblant de dormir car, en réalité, ils montent la garde. Immobiles, ils sont attentifs au moindre bruit qui provient des fourrés.

– Hé, hé… Ces deux nigauds se sont endormis, ricane Fox le renard, caché à l'orée du bois. Je sens qu'au menu de ce soir, il y aura de la volaille !
À pas feutrés, il se dirige vers le poulailler.
– Miam, miam ! Plus que quelques mètres et à moi le festin !

Soudain, juste devant son museau, surgissent Sam et Yola, toutes canines dehors…

– GRRR ! GRRR ! WOUAH ! WOUAH !

Les deux chiens n'ont pas l'air commode. Sans hésiter, le renard bondit hors des fourrés et s'élance vers la forêt pour échapper aux deux gardiens de la ferme.

À toute allure, le gredin emprunte le petit chemin qui s'enfonce dans les bois. Dans l'obscurité de la nuit, entre les grands arbres, il ne voit pas la corde tendue en travers du sentier par deux gros moutons. Il se prend les pattes dans la corde et effectue un superbe vol plané…

… Pour retomber, fesses les premières,
sur Pic le hérisson qui l'attendait.
– Aïe ! Aïe ! Aïe ! Ouille ! Ouille ! Ouille !
Quel cri ! Le derrière garni de piquants,
le renard part comme une flèche !

Dans la forêt, peu fier, les oreilles basses, Fox retire un à un les piquants en gémissant.

« Voilà qui lui fera passer l'envie de retourner à la ferme, pense monsieur Hibou, caché derrière un arbre.

Je suis sûr qu'ils font la fête là-bas ! Vite, je ne voudrais pas manquer ça ! »

La basse-cour au grand complet acclame les héros du jour.

– Félicitations ! dit le coq. Nous ne reverrons pas ce vaurien de renard de sitôt. Grâce à nos courageux gardiens, nous sommes en sécurité.

Merci, les amis et bravo !

Dépôt légal : 0500/0058/089
N°d'impression : 4401.0005